走入名畫世界

提香

吳澤義・劉錫海合著

走入名畫世界 **10**

提香

目錄

提香——威尼斯畫派頂峰

提香原名提吉安諾・威契里奧 (Tiziano Vecellio)，後來不知怎麼地，却統統叫他提香 (Titian)。

提香・威契里奧(Tiziano Vecellio 1482-1576)是義大利文藝復興盛期「威尼斯畫派」最傑出的藝術家，他的藝術成就使「威尼斯畫派」藝術達到了頂峰。

威尼斯畫派藝術頂峰

他是威尼斯畫派的泰斗。同時代的美術傳記作家瓦薩利十分崇敬這位偉大的寫實主義畫家，高度評價他的藝術成就。他稱讚：『在義大利，沒有人能和提香的繪畫天才相比，無論是拉飛爾或是達文西都趕不上他。』

長壽多產畫家

提香是一位罕見的長壽而又多產畫家。他比米開朗基羅的壽命還長，活了九十多歲，因此他的藝術生涯幾乎貫穿了整個十六世紀；他一生勤奮，創作了一千多幅作品。

關於提香的生年一直有爭論，不少研究家認爲，提香出生於1482年還是可信的。他出身於卡多列鎮的一個軍人家庭。

此鎮位於阿爾卑斯山麓，其山峰白雪皚皚終年不融化，山下河水湍急、奔騰而去，這裡空氣清新，風景宜人，提香的童年便是在這樣優美的自然環境中度過的。他的父親格雷戈利奧・威契里奧是當地名門望族之後，而且身居要職：將軍和市議會議員。

從小醉心於塗鴉

提香從小醉心於塗鴉，常去森林和田野採折鮮花，揉出花汁畫畫。有一次他用花汁畫了一個聖母像，顯露出他的藝術才華，他父親看過畫後非常高興，認爲兒子有繪畫天才。

當時提香才九歲，便將他送入威尼斯的畫坊學藝，他的啓蒙老師是一位沒沒無聞的畫家和鑲嵌匠，名叫塞巴斯提阿諾・修卡多。提香十二歲才受教於名師，威尼斯名畫家喬凡尼・貝利尼 (Givanni Bellini 1427-1516)。

受傑魯爵內影響

提香在貝利尼畫室認識著名的傑魯爵內 (Giorgione 1477-1510)。他比提香大幾歲，是非常出色的色彩畫家；提香對他十分崇拜，從此兩人開始合作。傑魯爵內那牧歌式的情調，柔和華麗的色彩和充滿詩意的構圖，都對提香的創作產生了深遠的影響。

瓦薩利指出：『在認識到了傑魯爵內的藝術風格後，提香就放棄了他曾學習多年的貝利尼的風格，而且，他仿效傑魯爵內竟如此成功，以至於不

田園合奏
傑魯爵內・
提香合作
油彩・畫布
1510年
105×136.5cm
巴黎・
羅浮宮美術館藏

這是描寫威尼斯
當時富裕，人們
生活自然而又豪
華，崇尚人文思
想，不受羅馬宗
教約束，開始爲
威尼斯繪畫開啓
了清新的光線，
色彩明亮的感覺
世界。

聖母與聖嬰　貝利尼作
油彩・畫板　1483年　66×83cm
伯加莫・卡拉拉學院藏

貝利尼是提香老師，他也是威尼斯畫派開山鼻祖，他畫很多「聖母像」，重寫生，努力擺脫佛羅倫斯畫派傳統宗教意味，已開始人性化。

久之後人們便常把他的作品當成傑魯爵內的作品。』

據說提香在畫坊只聽傑魯爵內的指點，不聽貝利尼的話，老師一氣之下便將他們攆出畫坊。他們離開貝利尼畫坊是在1507年。師兄弟為了維持生活，便合作開設畫坊，共同承擔了威尼斯的德國修道院壁畫繪製任務。

兩位藝術家的合作十分成功，完成了不少作品。他們的風格竟如此和諧一致，不分你我，如同出自一人之手，以至於今日仍有許多作品無法鑒別出哪些是提香畫的，哪些是傑魯爵內所畫，由此可見傑魯爵內對提香的藝術風格影響之深了。

威尼斯文化界「三雄」

不幸的是1510年傑魯爵內過早地離開了人世。提香從此繼承了傑魯爵內的藝術事業，並發展了他師兄的藝術成就，將「威尼斯畫派」的藝術推到一個前所未有的高度。

提香是一位博學多才的藝術大師，他畢生與威尼斯的人文主義學者交往頻繁，深受他們的思想熏陶。

他同著名的作家阿列齊諾、傑出的建築家及雕刻家桑維諾都是親密無間的好朋友，他們三人被時人尊稱為「威尼斯文化界三雄」。提香還為他們留下了肖像。阿列齊諾敬重提香，高度評價他的藝術成就。

共和國的國家畫師

據記載，提香研究過解剖學，其作品之造形逼真、準確，他對雕刻藝術也很在行，雕塑過一些作品，可惜沒有傳世。他擅長辭令，還是一位罕見的演說家。

提香有點像拉飛爾：受到上層社會的「賞識」，一生過著富裕的生活。他生性豪爽、樂觀，愛好音樂與詩歌，是一個有名的樂天派人物。瓦薩利稱他為「上帝的寵兒」。

由於提香畫藝高超，1513年起被任命為威尼斯共和國的國家畫師，接替年邁的老師喬凡尼・貝利尼的職務。

當時在威尼斯畫壇他還沒有一個競爭的敵手，可以說他在威尼斯畫壇，是一位獨領風騷的藝術巨匠，故美術史家稱他為「威尼斯畫派的泰斗」，這一點也不過分，他是當之無愧的。

家庭生活幸福美滿

1523年，提香和富家小姐賽西麗亞喜結連理，家庭生活幸福美滿，生兩男一女。

長子蓬庇尼奧後來看破紅塵，出家當了僧侶。次子奧拉西奧是父親藝術的傳人，爲父親當了一輩子助手，他是威尼斯著名肖像畫家之一，曾爲總督府議會大廳作過畫，可惜被1577年一場大火災所燒毀。女兒拉維尼亞陪伴提香度過了漫長的晚年，提香爲女兒畫了很多肖像畫，「端盤子的女人」便是其中最精彩的一幅。

提香和上層社會交往密切

提香和上層社會交往之密切有史可查，據記載：『他曾在自己家裡接待過法國和波蘭國王，宴請過紅衣大主教、王公貴族、共和國元老、政府顯要以及當時的學者名流和藝術家。』

在藝術家當中一般都不善於處世，唯獨提香例外，他不卑不亢，周旋於達官貴人之中，應付裕如。人們感到他眞是「風流倜儻，彬彬有禮，舉止端莊，溫文爾雅」。

1516年提香便和費拉拉公爵阿爾芳梭交往頻繁，其友好往來長達幾十年

而不衰。《義大利繪畫、雕刻和建築名家列傳》一書的作者瓦薩利寫道：幾乎沒有一個顯貴人物不和提香交往。『所有到威尼斯的親王們、貴族們、學者們以及其他著名人士，都一定會去拜訪提香。』

「皇帝的畫像師」

1533年以後，便是提香和上層社會交往的「黃金時代」。他不僅早就受羅馬教皇青睞，而且還被當時最大的封建君主德意志神聖羅馬帝國的皇帝查理五世所賞識，並請去作畫。

法王亨利二世曾親臨他的畫室請他作畫。『他在羅馬，教皇賜給他羅馬城市公民的榮譽稱號。他爲查理五世作畫，很合皇帝的心意，皇帝封他爲「皇帝的畫像師」。』

有一次查理五世帶著隨從來到提香的畫室看他作畫，『居然彎下身子爲他撿起掉在地上的畫筆，帶著半開玩笑的口氣說道：「世界上最偉大的皇帝給最偉大的畫家撿起一枝筆。」』提香每次畫完畫後，都要得到皇帝賜給的一千克朗厚賞。

除了豐厚的報酬，皇帝還授予他「金馬刺級騎士」（是宮廷爵位，有年俸和

特權，但無領地）稱號，後來又加封他為伯爵。蔭及家屬，甚至他的兒子也受封為帝國的貴族，這對一個藝術家來說，是一種罕見的榮譽。

受王公貴族般款待

美國作家亨利‧托馬斯在其《提香》傳記中，生動地描述了提香受到封建統治階級重視和寵愛時的顯赫情景。他寫道：『歐洲每一個偉大的君主都

紛紛邀請他為座上嘉賓。查理五世表
示，只要他願意到德國去，他可以撥
給他一座宮殿。

『菲利浦（國王）請他到西班牙去
享其天年。法蘭西斯一世（提香為他
畫過一張側面像，他那高大的鼻子因
此得以流傳萬古）請他到法國定居。

『羅馬教皇則表示，如果他去羅馬
一定委任他一個國家級職位。

『提香到了羅馬，但只是進行一次
短期訪問。烏爾比諾公爵為他派遣的
護衛人員與王侯的侍從不相上下。儘
管他已七十高齡，腰桿仍然挺直，他
像征服者一般驅車進入教皇的城市，
受到王公貴族的款待。』

提香因此而有了可觀的收入，過著
優裕的生活，他的住所像宮殿一樣豪
華，還有一座面向大海的花園，每日
來此休閒，閉目養神，聽那海浪的咆
哮之聲。

不依附權貴的畫家

提香儘管與上層社會關係密切，受
到上層社會的「恩寵」，但他不是一個
阿諛權貴的藝術家，他總是委婉地謝
絕聘請他為宮廷畫師的邀請，這個職
務聽起來悅耳，但實為御用畫家，其
實際地位並不高，和宮廷中的勤雜人
員如廚師、小丑、樂師、宮娥一樣。

因此提香是西方美術史上第一個不
依附某一權貴的畫家。

他寧可保持自己的獨立地位，謀求
有更多的自由招徠主顧。他始終不渝
地堅持以先進的人文主義思想作為自
己創作的指導思想。

他留下那些為數不少的刻畫統治階
級人物的肖像，真實而又生動地記錄
了他們性格的特徵，揭露了他們的腐
朽、虛偽、貪婪、奸詐和殘暴的本質，
就是最好的證明。這說明提香的人文
主義民主意識使他保持了現實主義者
的獨立精神。

向「藝術三傑」學習

提香觀察現實深刻，情感飽滿、健
康，尤其是在繪畫技巧的創造性等方
面，都給後世提供了豐富的遺產。傳
統的宗教題材，在他的筆下獲得了新
的形象和新的含義，帶有濃厚的世俗
性，在思想上更開朗、更健康。

提香除向傑魯爵內學習外，還認真
學習研究達文西、拉飛爾和米開朗基
羅「藝術三傑」的作品，學習他們的

衆神之宴 貝利尼作

油彩・畫布　1514年　170×188cm
華盛頓・國家畫廊藏

傑魯爵內跟提香都是貝利尼學生，美術史
家說這幅畫受傑魯爵內影響，把樸素的田
園山林風景，轉化爲充滿詩情的仙境，義
大利北方農民常在山林縱情歡樂飲宴，但
這裡注入希臘神話色彩更迷人。

塑造形象和構圖的技巧。

　　提香在繼承威尼斯繪畫傳統的基礎
上，把油畫的色彩、造形和筆觸的運
用，推進到新的階段。

　　到了中年，他的畫風趨於細緻、穩
健有力，色彩歡快；晚年則筆勢豪放
剛勁有力，色調單純而富於變化。在
油畫技法上對後世歐洲油畫的發展有
較大的影響。

提香與傑魯爵內

　　提香和傑魯爵內雖說都是威尼斯畫
派的拔尖人物，他們的藝術風格也有
不少相似之處，然而又各有特色。

　　傑魯爵內的藝術具有優雅、柔和、
寧靜的特點；提香的藝術比師兄傑魯
爵內的藝術顯得更加健美、壯麗，富
於想像和熱情，感情更爲奔放，情緒
更爲飽滿，色彩則更爲潑辣大膽，色
調更加亮麗明快、豐富多彩，富麗堂
皇。他在色彩的運用上不拘成規，富
於變化，用筆流暢自如。

「金色提香」

　　威尼斯畫派崇尙色彩，而提香的色
彩表現力最富魅力，已達到這個畫派
的頂峰。蘇聯美術史家認爲：『提香

由貝殼出生的維納斯
油彩・畫布　1525年　76×57cm
愛丁堡・蘇格蘭國家畫廊藏

愛的寓言
油彩・畫布　1532年　107×121cm
巴黎・羅浮宮美術館藏

是第一個直接用色彩來塑造形象的畫家。』

提香特別擅長金橙色的調子，有「金色提香」之美譽。時至今日，人們仍把金橙色稱之為「提香色」。素來生性高傲的米開朗基羅看了提香的創作之後，也不得不頻頻點頭，讚許提香的色彩高明。他說：『威尼斯人是真正的色彩行家。』

塑造理想的美人典型

提香的創作有一個顯著特點，不關注具體的故事情節，而著眼於表現人的完美、健美，給人以美的享受。

威尼斯畫派的一些畫家也有類似的特點，但提香將這項藝術特點發展到了一個更新的高度。他和其師兄傑魯爵內一樣，都想借助優美的畫面來表現他們對人體美和大自然美的歌頌，以此來對抗中世紀教會所宣揚的禁欲主義，喚起人們熱愛人生、熱愛大自然和現實生活的崇高感情。

提香尤其愛畫女性，畫女性裸體。他畫的聖母、天使和女神都充滿了人間生活氣息，沒有任何神秘色彩。他還喜歡畫成熟、豐滿的女性，他所塑造的女性，都具有一個健美的身軀，他畫的女性健美、完美，堪稱十六世紀理想的美人典型。

早期藝術創作──追求探索理想

吉普賽聖母
油彩・畫板 1517～18年 81×99.5cm
維也納・藝術史博物館藏
___

這是屬於探索時早期作品，受喬凡尼・貝利尼和傑魯爵內影響，以寧靜、柔和和優雅爲特色。

提香在他漫長的藝術創作生涯之中，其創作歷程大體可劃分爲三個階段。

提香的藝術創作在早期階段（1500－18年）主要是追求、探索自己的藝術理想和道路。

其藝術特點表現是受師兄傑魯爵內的影響。這個時期的名作有：

● 「帶十字架的耶穌」（1505年創作，威尼斯・聖羅克教堂藏）。
● 「吉普賽聖母」（1517-18年創作，維也納・藝術史博物館藏）。
● 「莎樂美」（1515年創作，羅馬・多利亞・潘菲利畫廊藏）。
● 「梳洗的女人」（又名「打扮中的少女」，1512-15年創作，巴黎・羅浮宮美術館藏）。
● 「花神」（1515年創作，佛羅倫斯・烏菲茲美術館藏）。
● 「音樂會」（1511-12年創作，佛羅倫斯・彼蒂宮博物館藏）。
● 「三種年齡」（英國・布列治華德美術陳列館藏）。
● 「人間與天上的愛」（又稱「神聖和世俗的愛」、「美狄亞和維納斯」、「神聖的愛和瀆神的愛」，1515-16年創作，羅馬・波蓋茲美術館藏）。

● 「基督與法利賽人」（又稱爲「納稅錢」、「基督與僞君子」、「凱撒的銀幣」、「納稅給凱撒」，1516年創作，德國・德勒斯登美術館藏）。
● 「聖母升天」（1516-18年創作，在威尼斯・聖瑪利亞格洛烈佐・德依・佛拉雷敎堂裡）等。

下面介紹幾幅這個時期的代表作，以饗讀者。

莎樂美

莎樂美
油彩・畫布　1515年　72×90cm
羅馬・多利亞・潘菲利畫廊藏

莎樂美
油彩・畫布　1500年　80×87cm
馬德里・普拉多美術館藏

施洗約翰是
耶穌的表哥

據「聖經・新約」記載：施洗約翰是為耶穌出現「預備道路」的人。他是聖母瑪利亞的侄子，耶穌的表哥。施洗約翰是僅次於救世主基督耶穌的先知。他在約旦河畔為人們施洗，預言耶穌即將到來。

希律殺約翰

耶穌大約30歲時來到約旦河接受約翰的施洗。不久，希律王不顧人倫，遺棄妻子，竟娶了自己兄弟腓力的妻子希羅底為王后。施洗約翰公開抨擊他們的亂倫。希律因此事而將約翰收監，怕激起民憤故不敢輕易殺害他。愛慕虛榮和心狠無情的希羅底惱羞成怒，即唆使其女莎樂美，為希律王跳了一場艷舞，博得希律歡心，許以任何賞賜的承諾，莎樂美提出要約翰的人頭，希律不願食言，故殺了約翰。

提香所塑造的「莎樂美」形象與李比、波提且利的同類題材不同，畫面主要表現的是莎樂美端著放有約翰首級的大盤，其形象頗似「花神」。而1500年創作的「莎樂美」高舉托盤，近似提香的「端盤子的女人」。

梳洗的女人

梳洗的女人
油彩‧畫布　1512～15年　76×93cm
巴黎‧羅浮宮美術館藏

這是他跟「花神」相近似處理法，用一個正當韶華之年的女子來象徵盛開的鮮花，其實他是以歡場女子為寫生對象，所以看來清秀不足，但帶些風塵味。

拉魯雅畫像　傑魯爵內作
油彩‧畫布　1506年　33.5×41cm
威尼斯‧藝術學院畫廊藏

當時他常跟傑魯爵內尋歡作樂，也一起繪畫，常畫同一個模特兒，這也是高級娼婦的寓意肖像畫。

與「花神」近似

美術史家認為提香和傑魯爵內的作品中有一些是以風塵女子為模特兒畫成，確有其事，如「拉魯雅畫像」。但他的「花神」卻是以法國國王亨利一世的情人琳菲菲為模特兒畫成。提香曾為她畫過11幅不同姿態的肖像畫。「梳洗的女人」也是她的另一著名肖像畫。

「梳洗的女人」與「花神」中的形象、姿態近似，所不同的是「梳洗的女人」在畫的左側有一面鏡子，畫中人正對鏡仔細檢查、審視，其認真之神情，畫得十分逼真、生動，而又非常傳神，令人拍案叫絕！此畫和「花神」相比，站立姿勢雖然大體相同，但表情、神態各有千秋。

莊重嫵媚的民間少女

人們看到的「花神」，既非「豆蔻少女，也並不象徵春天」。健碩、豐腴的婦女形象，與其說她是神，還不如說她「只是盛夏的化身」。藝術史家朱伯雄曾寫道：「提香在這裡創造性地把她描繪成一個莊重嫵媚的民間少女形象」。又說：「這種女性美帶有牧歌情調，花神垂著頭，表現出沉思的樣子。我們能從形象上看出傑魯爵內的藝術影子。」

鄉土氣息與青春女性美

提波羅的「芙蘿拉」又稱「衣冠不整的女子」或「金髮女子」。畫中的少女右手拿花，左手握著滑落的綠色外套，潔白的羅馬式內衣，襯托著豐滿的乳房。少女神情嚴肅，斜目注視著觀眾，展現出提波羅獨特藝術風采：「根深蒂固的鄉土氣息」。

波多內的「穿天鵝絨洋裝女郎」梳有大辮子，頗似東方女郎。她袒露豐腴的雙乳，顯示出青春女性之美。

芙羅拉　提波羅作
油彩‧畫板　1522～24年　64.1×77.5cm
倫敦‧國家畫廊藏

穿天鵝絨洋裝女郎　波多內作
油彩‧畫布　1550年　82×101cm
席森—波尼密札基金會藏

花神

花神
油彩・畫板　1515年　63×80cm
佛羅倫斯・烏菲茲美術館藏

這雖然是替法國國王亨利一世的情人琳菲
菲畫的肖像畫，但他把她畫成希臘神話中
「花神」芙羅拉，花神將臉微微轉向右邊，
如弓般的雙眉，明媚的眼珠，朱紅的嘴唇，
金黃色秀髮披在雙肩，半袒露豐胸，右手
持花，左手拉下垂的衣袍。

穿黑貂的少婦
油彩・畫布　1518年　63×95cm
維也納・藝術史博物館藏

這幅作品，畫的對象跟「花神」是同
一人琳菲菲，都在強調形象健康、豐
滿、美麗，並帶著樂觀情緒，充滿青
春活力。

「花神」是琳菲菲肖像

　　「花神」取材於羅馬神話。畫的雖
是神話，但實際上塑造的是現實生活
中的人物。

　　引人注目的是，她已經不是古典雕
刻中的女神的重複，也不是達文西「蒙
娜麗莎」的翻版，而是一個青春煥發
的人間美女，她的形象既美麗、健康、
嬌豔，同時又端莊、崇高、聰明。

　　整個畫面色彩亮麗、構圖醒目、明
快、單純。

　　正如中國的一位藝術評論家所說：
『看了這幅畫使人感到，開始於十四

世紀的文藝復興，此時已到了百花盛
開的春天，而那漫長的中世紀寒冬，
確實已成為相當遙遠的過去。』提香
在這裡歌頌了女性美，為我們塑造了
一個完美的理想的美女典型。

　　據研究家考證，認為「花神」是一
幅肖像畫，是以法國國王亨利一世的
情人琳菲菲為模特兒畫成的。提香先
後為琳菲菲畫了十一幅各種姿態的肖
像畫，其中以「穿黑貂的少婦」為最
佳，畫面色彩光輝燦爛，少婦形象充
滿了青春活力。

音樂會

音樂會
油彩・畫布　1511～12年　86.5×123.5cm
佛羅倫斯・彼蒂宮美術館藏

牧羊神與太陽神比賽音樂

　　過去一直認為「音樂會」是傑魯爵內之作，後經考證為提香所畫。有人說此作取材希臘神話故事，說的是牧羊神潘恩與太陽神阿波羅在山林裡舉行音樂比賽。結果阿波羅的七弦琴勝過了潘恩的蘆笛。

　　然而，聽眾中有一唱反調的國王邁達斯，非常崇拜他的好友潘恩，認為潘恩是世界上最偉大的音樂家。他當即出面詆毀阿波羅的音樂成就。阿波羅十分惱怒，便把他的耳朵變成了一副毛茸茸的驢耳朵。

　　邁達斯自此不敢見人，躲在宮中，只有一個理髮師為其理髮時見過他的驢耳，國王怕出醜，警告他不許說出去，否則抓他坐牢。理髮師不敢對人說。後來他實在忍不住了，就偷偷地跑到郊外，在一空地上挖了一個深洞，將嘴湊上低聲說：「邁達斯國王長著一雙驢耳朵」。隨後把洞填平，愉快輕鬆地回家了。他心想這回總算說出了心裡話，而且可以永不洩密。然而，留話的那個洞口，不久卻長出了一叢蘆葦，風一吹過，蘆葦就發出了一種奇怪的聲音，好像在說：「邁達斯國王長著一雙驢耳朵」。這個消息很快傳開，大家都知道了國王的秘密。

　　提香一向不重視題材的內容，畫中樂器與故事所說不同，但三個人物表現出對音樂欣賞的神情是各不相同的，顯示了三個人個性相異。

三種年齡（局部）

別拉住我（局部）
油彩・畫布　1511～12年
91×109cm
倫敦・國家畫廊藏

P36・37
三種年齡
油彩・畫布　1512年
106×182cm
英國・布列治華德美術館藏

浪漫的提香，1512年代年輕
英少時也熱衷情愛題材，那
時跟傑魯爵內一齊繪畫，也
受到他「情愛乘年少」觀念
影響，談戀愛也愛繪畫。

「三種年齡」詩般意境

　　「三種年齡」是最接近傑魯爵內的
藝術風格、最充分體現了傑魯爵內的
詩情畫意的作品。

　　這幅畫的背景有圓頂樹的叢林，山
上長著纖細如羊齒植物的樹林，一座
閃爍著朦朧光線的農家小舍。

　　畫中有牛羊和牧人。整個畫面以深
暗色與光亮的天空形成對比。兩個光
著身子的胖孩子在一棵圓頂的樹下酣
睡，另一個孩子惡作劇，正在想方設
法弄醒他們。

　　在孩子們身後有個手握頭顱骨的長
鬚老人，坐在一堆骷髏頭中，正陷入
沉思。右邊黑色樹叢前，一金髮女郎，

頭戴紫羅蘭花冠，身材苗條，俯向她
的戀人，挑逗他。

　　那男子為一裸體青年，女子手拿牧
笛，男子坐著被動地接受她的愛情，
其健美的身軀在陽光照射下發著油黑
色，是個典型的農民。那金髮女郎不
像是牧羊女，而是一位理想的美女形
象。

　　這件作品塑造了人生的三個不同時
期，老年和少年之間是短暫的青年，
這正是談情說愛的妙齡。因此這幅畫
宣揚「及時談戀愛」的思想。

　　不過，此畫有詩一般的意境，說明
它深受傑魯爵內「田園合奏」的影響。

人間與天上的愛

田園牧歌式情調

「人間與天上的愛」又稱「美狄亞和維納斯」主要是以象徵和寓意的手法，來歌頌女性美和大自然美。

在幽雅、寧靜、美麗的自然風景中，有兩個象徵天上和人間的少婦，一個穿衣，一個裸體，正處在恬靜的休憩狀態之中，看她們的神情好像是在交談，又似乎是在沉思。

特別是畫面中間引人注意的那個淘氣潑水的小孩，更增添了畫面的生活情趣。有人認爲這幅作品的大意是說美和愛之神維納斯勸勉少女美狄亞對自己的婚姻大事要拿定主意，不要舉棋不定，應下定決心，當機立斷。

畫面右邊那個高舉油燈的裸婦是代表神聖的愛。

據說裸體是「眞實」、「眞理」的象徵，左邊濃抹盛裝的少女是代表虛榮的世俗的愛情，她名叫美狄亞，那個裸女是維納斯，正在勸說美狄亞，催她快跟那個冒險來尋求金羊的希臘英雄伊阿宋一起逃走，而美狄亞卻猶豫不決，正認眞考慮和自己終身大事有關的問題。

提香把兩個婦女放在靜謐、幽雅的曠野之中，她們分別坐在水井兩旁，井沿上那個頑皮戲水的孩子就是小愛神，他是象徵愛情的。

人物從容瀟灑

畫中的人物形象的表情顯得非常從容、瀟灑，大自然的空氣似乎也是清新的，整個畫面給人留下了舒暢、歡樂的印象。

一言以蔽之，這幅名畫展示給人們的是優美的大自然風光襯托著豐滿、健美的形象。裸體婦女美麗、圓熟、滋潤的身體，畫得極其柔和，富有肉體質感，顯示了強烈的靑春活力。從而讚美了現實人生的幸福與精神純潔之美。這幅畫鮮明地展示了提香藝術的獨創性，它充滿了古代田園牧歌式的情調，具有濃厚的詩的意境。

人間與天上的愛

油彩・畫布　1514年　118×279cm

羅馬・波蓋茲美術館藏

美術史家把她們「概括爲裸體的天上維納斯，和著裝的人間維納斯不同對比。也是神聖和世俗的比較。」也有人認爲是畫愛和美女神維納斯，勸勉少女美狄亞對自己婚事的認定，因爲美狄亞對冒險前來尋求金羊毛的希臘英雄猶豫不決的愛，很讓人著急。中間玩水的是邱比特。

基督與法利賽人

基督與法利賽人
油彩・畫布　1516～18年　56×75cm
德國・德勒斯登美術館藏

畫面二人表現完全對立的形象,基督英俊
的臉孔、純潔、安詳,表情穩重,眼光輕
視敵人;左邊的法利賽人則貪婪、兇暴、
蠻橫。以善和美來鞭撻醜與惡。

猶大之吻(局部)　喬托作
壁畫　1305～06年

提香創作「基督與法利賽人」時,是看了
喬托壁畫「猶大之吻」有感而作,也是應
費拉拉公爵之委託而作。有記載,費拉拉
公爵就是法利賽人德性,愛用小錢賄賂。

正義必勝・邪惡必敗

　「基督與法利賽人」是應費拉拉公
爵之委託而創作。據記載,此作品是
受喬托「猶大之吻」壁畫之啓迪。

　它取材「聖經」故事,其內容梗概
是法利賽人攔住基督提問:納稅給凱
撒(羅馬皇帝)行不行?基督回答說:
凱撒之物當歸凱撒,神之物當歸神。
費拉拉公爵便將上述話鐫於發行的錢
幣上。提香根據上述故事情節,表現
出基督用這句話回答那個故意找麻煩
的稅吏。

　在提香的筆下,基督被塑造成是一
副英俊的臉,他顯得十分軒昂、瀟灑
而又純潔、安詳,其表情極為豐富。
同處在黑暗中的法利賽人,所顯現出
來的那張貪婪、凶暴、有鷹鈎鼻的偽
善嘴臉,形成極鮮明的對照。

　特別令人驚奇的是基督秀美、優雅
的手,和法利賽人蠻橫、粗笨的手,
給人以強烈的對照,令人難忘。

　基督堅定、沉著、自然、大方,眼
睛射出蔑視敵人之光芒,眉宇間洋溢
著崇高的精神美。

　藝術家把法利賽人這個可鄙人物放
在配角地位,用他那狡黠虛偽而又缺

乏信心的側面形象,來襯托正面人物
基督的光明偉大、浩然正氣。

　值得稱道的是,提香把謳歌正面人
物的真善美和人的崇高精神品質放在
突出地位,以此來鞭撻現實生活中的
虛假、醜惡,表達了藝術家「正義必
勝、邪惡必敗」的堅定信念,從而頌
揚了進步的人文主義思想。

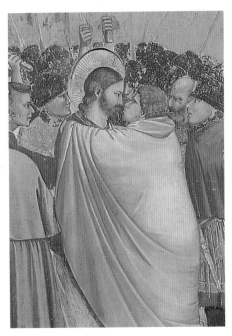

聖母升天

聖母升天（局部）

聖母聖子與聖徒
油彩・畫布　1520年　215×312cm
安科納・市立美術館藏

「聖母升天」紀念碑式傑作

「聖母升天」是提香應威尼斯聖瑪利亞格洛烈佐・德依・佛拉雷教堂之邀請，為該教堂所作之祭壇畫。

這是一幅宏大的紀念碑式的壁畫，其畫高度超過二十英尺。這是提香早期創作最有名的宗教畫，也是他繪畫中的一個里程碑。

全畫分三部分：

上部是上帝和天使歡迎聖母升天。中部與底部是全畫中的主體。

中部為聖母升天。聖母立於白雲之上，有一群可愛的小天使托起這片白雲，聖母冉冉升起，具有強烈的動勢，聖母容光煥發，顯得那麼自信，彷彿她自身有一種內在的力量，可以自由自在地升天，似乎整個畫面都在讚助著她，形成一種升天的自然氣勢。

底部則是眾多的使徒在那裡舉手歡呼，他們因目睹聖母升天的奇蹟而感到無比驚喜。從他們健壯的體魄，結實而有力的大手，完美地體現了文藝復興時代關於人的力量是不可戰勝的理想。

這些形象無疑是現實生活勞動者的寫實，從他們那水手似的青銅色肉體得以證實。他們顯得非常樂觀、開朗、英俊而又豪邁。

三個藝術特點

「聖母升天」構思大膽，氣勢雄渾。這幅傑作也是採用「金字塔」構圖，一群使徒構成塔的底座，即「塔基」，聖母頭部則為「塔尖」。

提香此作品有三個藝術特點：

一是以「激情」和「運動」作為整個畫面基調。從這幅畫的內容來看，富有戲劇性的激情；同時畫中還使用了許多對角線，使畫面打破了靜止狀態，充滿了不可遏止的「上升」運動

聖母升天（局部）

眾使徒的驚訝！

聖母升天
1516～18年　360×690cm
威尼斯·聖瑪利亞格洛烈佐教堂藏

這幅雖是宗教畫，提香卻畫得充滿世俗精神，畫面洋溢著人生歡樂，沒有任何神秘色彩，聖母像凡俗婦女。這幅畫構圖以金字塔形式，下寬上尖，聖母綠色布條的傾斜，使徒們舉起手臂的傾斜角度，使畫面人物有「升空」感覺。

氣勢。如聖母衣服上的綠色布條的傾斜角度，使徒們舉起的手臂的傾斜角度等，就是這種對角線。

　　二是提香在這幅畫中，仍以色彩來作為塑造藝術形象的主要手段。

　　三是畫中人物形象具有崇高的英雄形象氣質，顯得高大厚重，給人留下了難忘的印象。

　　藝術家把「聖母升天」這樣非常嚴肅的宗教題材，畫得充滿世俗精神，具有崇高的英雄氣質，整個畫面洋溢著人生歡樂的情調，沒有任何一點神秘色彩，連聖母也被畫成了一個凡俗婦女。瓦薩利高度評價這幅作品，稱讚它為「近代第一傑作」。

典型期享樂主義

———開朗 · 歡樂 · 安詳

維納斯的崇拜（局部）

陽光絢燦的好季節，一群小愛神，在維納
斯雕像前嬉戲，各個小愛神天真可愛。

提香創作的第二個時期是十六世
紀二十到三十年代。這個時期
正是提香的創作形成自己獨特的藝術
風格的時期。這就是人們所稱的「最
典型的提香藝術時期」。

「典型期」享樂主義

提香這個時期塑造的人物形象特點
是：人物表情開朗、歡樂、安詳。造
形健康、優美；設色絢麗、強烈，色
彩豐富，還富於變化。

此時期的名作計有：

- 「酒神祭」(1523-24年創作，馬德里・
  普拉多美術館藏)。
- 「巴卡斯與亞莉阿德妮」(又稱「酒
  神與亞莉阿德妮」，1520-22 年創
  作，倫敦・國家畫廊藏)。
- 「入殮」(又稱「埋葬基督」，約1525
  -30 年創作，巴黎・羅浮宮美術館
  藏)。
- 「比薩羅家族的聖母」(1519-26年創
  作，威尼斯・聖瑪利亞格洛烈佐・
  德依・佛拉雷教堂藏)。
- 「聖母子與聖安娜」(1530年創作，
  巴黎・羅浮宮美術館藏)。
- 「晨起的維納斯」(又稱「浴後的維
  納斯」或「烏爾比諾的維納斯」、「躺
  著的維納斯」，1538年創作，佛羅倫

斯・烏菲茲美術館藏) 等。

酒神祭

酒神祭（局部）

典型期的提香，都爲上流社會創作，這時期爲討好衣錦豐食的公爵或皇室，畫的全是充滿歡樂和美好的世界。

酒神祭　普桑作

油彩・畫布　1624年　98×130cm
德國・慕尼黑古代繪畫館藏

普桑「酒神祭」又名「麥達斯與巴卡斯」，就是看了提香「酒神祭」而畫，人物、構圖仍保有提香餘韻。

「酒神祭」謳歌靑春美好

提香這期間的創作享樂主義成分有所增長，表現在一系列的以「酒神祭」裸體女神爲題材的作品。

畫面色彩鮮艷、明亮、氣氛熱烈生動，主題多是謳歌靑春的美好、生活歡樂，以及人生幸福。享樂主義思想的增長，是與提香的藝術爲上層社會服務分不開。

酒神祭

油彩·畫布
1523～24年
175×193cm
馬德里·
普拉多美術館藏

也叫「酒神的狂歡」，是提香為阿爾佛松宮畫的三幅作品之一。傳說在安德諾斯島和安德萊斯山上，有滔滔不息的酒河，人們生息在這樂土上可以狂歡香醇酒河的美酒，載歌載舞，直至沈醉方休。

巴卡斯與亞莉阿德妮

巴卡斯與亞莉阿德妮
油彩・畫布　1520～22年　175×190cm
倫敦・國家畫廊藏

巴卡斯與亞莉阿德妮　柏汀作
油彩・畫布　1710～15年　50×75cm

酒神巴卡斯在希臘神話裡，他是宙斯跟泰
貝公主賽美麗的私生子，賽美麗是大地之
母，貌美無比。他是人類恩人，也是毀滅
者，有仁慈一面，也有悲慘一面。

「巴卡斯與亞莉阿德妮」

　　「巴卡斯與亞莉阿德妮」是一幅油
畫，取材於希臘神話。

　　此故事梗概是描寫亞莉阿德妮被負
心郎提秀斯所遺棄，將她拋在那克索
斯海島上，酒神巴卡斯駕車來到此海
島向她求愛，使這位善良的、心靈受
到創傷的少女從此獲得真正愛情。

　　畫面是以此內容展開的，酒神巴卡
斯率領他的山野精靈載歌載舞走出森
林，見到了少女亞莉阿德妮。巴卡斯
為她的美貌所傾倒，不由自主地從其
坐輦裡飛奔向前，亞莉阿德妮面對酒
神這項突然的舉動感到意外，真是又
驚又喜。

　　整個畫面洋溢著激動、歡樂的情緒
和充滿豪爽天真的氣息。

　　在明朗的陽光下，人群唱著、跳著，
充滿了歡快的節奏和強烈的運動，表
現了人物的生命力和青春的活力，似
乎是天上的白雲都隨著這歡樂也在流
動。特別是酒神巴卡斯和亞莉阿德妮
的形象都洋溢著英雄般的豁達豪爽氣
概，給人留下了深刻的印象。

　　總之，這一幅畫沒有傑魯爵內的寧
靜，特點是色彩濃豔亮麗、熱烈明快，
人物感情奔放，姿態優美，動作瀟灑

而又急速，風景動人，氣氛和諧。

入殮

入殮（局部）
油彩・畫布　1525～30年　148×212cm
巴黎・羅浮宮美術館藏

入殮
油彩・畫布　1559年　137×175cm
馬德里・菩拉多美術館藏

「入殮」充滿豪壯之情

「入殮」是表現聖母瑪利亞哀悼殉
難的兒子耶穌，這是一個傳統的宗教
題材。

但提香處理得很有特色：
一是構圖緊湊，色彩熱烈。
二是整個畫面充滿悲壯豪邁的氣氛。
基督似乎不是宗教傳統中的爲人類贖
罪的受難者，而好像是一位爲國捐軀
的英雄人物。基督的屍體健美，神態
安詳，顯示出慷慨激昂的英雄氣質，
給人以視死如歸的印象。

三是三個身材魁梧的男子正準備將
基督屍體裝進棺材，他們的「行動粗
獷，感情強烈」。

總之，這幅傑作充滿了豪壯之情，
沒有任何沮喪、絕望和悲觀的色彩，
它讚揚了人的精神力量，歌頌爲祖國
而獻身的人們的崇高與偉大。故此畫
不同於提香晚年創作的同名油畫「入
殮」（1559年創作，馬德里藏），藝術
家晚年所畫則充滿了悲哀情緒。

比薩羅家族的聖母

比薩羅家族的聖母（局部）

紀念威尼斯人海上大捷

「比薩羅家族的聖母」是提香這個時期著名的巨型油畫。

這一幅祭壇畫所取得的藝術成就，使提香的名聲遠揚。

此畫是為了紀念1502年威尼斯海上大捷的。此次大捷是威尼斯人戰勝了土耳其的船隊。

塞浦路斯的帕福斯主教雅柯布・比薩羅是教皇的指揮官，參加了這次海戰。他為了紀念這次戰爭勝利，並向上帝表示感恩，特邀請提香創作了此畫，並將它奉獻給教會。

畫面中央稍靠右是聖母正在接見比薩羅家族，畫中央坐著一老人是聖彼得（另說是威尼斯保護神聖馬可），他緊靠近聖母的寶座。

畫之左下角長跪於地上、雙手合掌者是比薩羅，他帶來一士兵押著一戰俘前來謁見聖母。

比薩羅身後一士兵（另說是聖喬治）手擎軍旗，旗幟上繡著教皇亞歷山大六世的博爾吉亞家族的紋章標誌。持旗的士兵身旁有一個紮頭巾的土耳其人（屬伊斯蘭教的），他已是基督教戰士所捕獲之戰俘。

打破了傳統的對稱、均衡構圖

畫之右下角為比薩羅家族成員，由右邊中部一人，即聖芳濟各引薦於聖母面前。此畫打破了傳統的對稱、均衡構圖，採用了對角線構圖，使畫面由「靜態」構圖變為「動態」構圖，畫面不呆板，具有運動感，富有活力。

蘇聯藝術史家科爾平斯基在其《提香》傳記中寫道：『提香把比薩羅家族中的一個男孩子的頭部畫得非常可愛（在畫中右下角），他以強自抑制的活潑心情把頭轉向觀眾，一雙純潔明淨的眼睛閃爍著，充滿了少年人所特有的興趣和注意。』

這幅佳作以柱廊的大理石圓柱和有雲彩的天空為背景，加上畫面左邊勝利旗幟的飄揚和服裝色彩的豔麗相陪襯，整個畫面增添喜慶、隆重氣氛。

值得注意的是提香在這幅祭壇畫中徹底地擺脫了傳統宗教畫的束縛，把聖母瑪利亞塑造成一位感情飽滿、美麗、健碩的普通婦女形象。

這既是一幅出色的宗教畫，又具有風俗畫的特點，因為此畫相當成功地表現了文藝復興時代威尼斯宮廷生活的豪華景象。

聖哲羅姆的幻象　德・蓬托爾莫作
油彩・畫布　1527年　148.6×346.9cm
倫敦・國家畫廊藏

比薩羅家族的聖母
壁畫　1519～26年　226.5×478cm
威尼斯・聖瑪利亞格洛烈佐・德依・佛拉雷教堂藏

這是一幅巨型的油畫，提香完成這件作品
後，聲名大噪，比薩羅是教皇的指揮官，
1502年指揮威尼斯海戰大捷，為了紀念此
次戰役，特請提香畫了此巨幅壁畫，感恩
而獻給教會。

聖哲羅姆「四大敎父」之一

聖哲羅姆是基督教會「四大敎父」
之一。「四大敎父」是哲羅姆、格里戈
利、阿甫羅西和奧古斯丁。

他們四個人都是基督教神學的奠基
者，制定了基督教會教義，故稱他們
為「教會之父」，簡稱為「教父」。由
於他們都是神學博士，因此又稱他們
為教會「四大博士」。

哲羅姆（Jerome，約347-420）是羅
馬帝國基督教思想家。他生於羅馬帝
國斯特利同城（Stridon，今南斯拉夫境
內），求學於羅馬時，始信奉基督教。
約於公元379年在安底阿（今土耳其南
部之安塔吉亞）升為神父。公元386年
後定居於伯利恒的一所隱修院，並於
此院離開人世。

聖母從天而降

「聖哲羅姆的幻象」，描繪的是哲羅
姆在其夢幻中見到了聖母瑪利亞和耶
穌。它同提香的「比薩羅家族的聖母」
一樣都突破了文藝復興以來的傳統畫
法。蓬托爾莫將聖母子置於畫面上端
（提香的聖母在畫面右側），哲羅姆
用右手向上指，畫中聖母子給人以從
天而降之感。

聖母子與聖安娜

聖母子與聖安娜
油彩·畫布　1530年　71×87cm
巴黎·羅浮宮美術館藏

聖母握住兔子，象徵雖受孕但沒過失，聖安娜小心翼翼抱著聖嬰。地上水果籃裝著蘋果、葡萄，象徵大自然生命永無止息。

聖母子與聖安娜和施洗約翰
油彩·畫布　1530年　101×142cm
倫敦·國家畫廊藏

左邊拿著十字架的小先知施洗約翰，聖安娜抱著聖嬰，聖母慈祥地看著小耶穌，左手握著他的頭，右手還摸著施洗約翰採來的花果，牧羊人上方小天使飛來，好一幅祥和畫面。

聖母形象為畫家妻子

「聖母子與聖安娜」不同於傳統的聖家族畫法。此畫洋溢著抒情詩般和牧歌式情調，充滿了幸福、喜慶氣氛。據記載畫中聖母是以畫家妻子契吉利亞為模特兒畫成，形象優美、健碩。畫面右側還有牧羊人；聖母右手握住一隻小白兔，這象徵瑪利亞受聖靈而孕，卻沒有任何過失。前景有一籃子裝有蘋果、葡萄，象徵大自然生命永

無止息。

「聖母子與聖安娜和施洗約翰」中的聖家族增加了約翰，沒有小白兔和水果等象徵物。約翰左手握十字架，右手為聖母送來花果。聖安娜半跪著正在親小外孫耶穌，聖母滿懷深情地用左手扶住兒子的頭，免其後仰。她慈祥地注視著他。畫中洋溢著天倫之樂，十分感人。牧羊人上方飛來小天使，更增強了畫面祥和氣氛。

晨起的維納斯

P66・67

晨起的維納斯

油彩・畫布　1538年　119×165cm
佛羅倫斯・烏菲茲美術館藏

這也叫「烏爾比諾的維納斯」，這幅畫為西方女人體藝術樹立典範，它和傑魯爵內的「睡眠中的維納斯」，同樣採取「斜躺的睡姿」，這點後來廣被採用，戈耶的「裸體的瑪雅」、馬奈「奧林比亞」就是一例。

「晨起的維納斯」

「晨起的維納斯」是一幅人體美油畫。據考證，維納斯的形象是以烏爾比諾女公爵埃列奧諾拉為模特兒塑成的。這是提香裸女畫中的代表作，也有稱「烏爾比諾的維納斯」。

是女公爵埃列奧諾拉的畫像

提香不再重複傑魯爵內的手法，把維納斯放在優美的大自然懷抱裡，而把她放在日常生活的環境之中，讓她浴後安適地斜躺在一貴族房間的豪華富麗臥榻上。

豐腴健美的人體線條與布的褶紋形成對比。她的腳邊睡一隻哈巴狗，這在構圖上則與維納斯的上半身形成均衡之勢。

現實生活中名媛淑女嗎？

維納斯是一豔麗豐滿的肉體，具有旺盛的生命活力，沒有任何希臘神話的浪漫色彩，只不過是現實生活中名媛淑女的一個剪影。在畫面右邊背景處，女僕正在為女主人尋找衣裳，窗枱上擺著鮮花，透過窗口可以看到遠處風光。

這一系列日常生活細節的描繪，使觀眾產生了親切、生動、逼真的印象，從而加強畫面少婦形象固有的詩意與魅力，鮮明地反映了畫家熱愛生活，對於生活歡樂的肯定。

衝擊端莊古代希臘女神？

一位藝術史家指出：『提香在這幅畫中著力刻畫了人物健康豐滿的肌體和肅穆謐靜的環境，使二者之間形成某種恰如其分的對照。

『這不僅顯示了他卓越的技巧與才華，也說明他與文藝復興時期其他大師的風格是一脈相承的。』

一言以蔽之，提香健美的維納斯，衝擊了古代希臘女神端莊、靜穆的概念。

歌頌生命的青春朝氣

他不過是通過描繪女人體來歌頌生命的活力和青春的朝氣，從而為現代美術的發展起了開拓新天地的作用。

上面兩幅作品雖有享樂主義傾向，但其本質和主流還是反對禁欲主義、歌頌人的精神生活，和人的內心美以及讚揚女性美的，它體現了人文主義思想。

維納斯與魯特琴師

維納斯與魯特琴師（局部）

維納斯與風琴師和狗
油彩・畫布　1548年　136×220cm
馬德里・菩拉多美術館藏

P70・71
維納斯與魯特琴師
油彩・畫板　1549年　115×210cm
紐約・大都會美術館藏

提香自從畫了「烏爾比諾的維納斯」後，
畫了好幾幅斜躺的裸睡姿勢人體畫，有的
配上管風琴師，甚至還有配上狗、邱比特，
這幅左邊是魯特琴師。

最具藝術魅力的傑作

提香的「維納斯與魯特琴師」和「維
納斯與風琴師和狗」，則是他模仿傑
魯爵內另一種形式名作。他畫了好幾
幅這種「斜躺睡姿」裸體作品。

傑魯爵內的「酣睡的維納斯」，又稱
「睡眠中的維納斯」，在歷來為數衆
多的維納斯佳作中，它居於獨特的地
位，是一幅罕見的最具藝術魅力的傑
作。他獨具匠心，設計了一個立意不
凡的構圖：造形優美的維納斯恬睡於
風景美麗的大自然懷抱裡。她神態安
詳，修長勻稱的裸體橫陳全畫，姿態

舒展、自然、柔美，特別是維納斯把
右手放在腦後，構成了一條節奏鏗鏘
的曲線，使全部造形圓潤，達到了非
筆墨所能形容之美妙。

覆蓋小愛神使主題更加突出

由於師兄英年早逝，此畫右半部分
風景是提香完成的。他在維納斯脚旁
加了一個小愛神邱比特。後來小愛神
的地方遭到破壞，在1843年修復此畫
時，一位高明的藝術家便將小愛神覆
蓋了，這一重大修改使畫的主題更加
突出，看來更加符合原作的構思。

維納斯與風琴師和狗

維納斯與風琴師和狗（局部）

維納斯與風琴師和狗
油彩·畫布　1550年　115×210cm
柏林·國立繪畫館藏

黑人管風琴師彈罷樂曲，禁不住偷偷欣賞
維納斯裸體美麗肌膚，維納斯祇顧跟邱比
特親暱，白狗跑到維納斯睡床上嬉戲，這
是很生活化人性化的神話人物畫。

提香的維納斯不及師兄的典雅

人們從傑魯爵內的維納斯形象中，看到了富於肉感的裸體同崇高的聖純以稀有的美妙融合在一起。這是一個理想化了的優美形象。此畫對後世產生了深遠影響。提香影響後世畫家創作：委拉斯貴茲（1599-1660）作「鏡前的維納斯」、戈耶（1746-1828）作「瑪雅」、印象派畫家馬奈（1832-83）作「奧林比亞」等。

1550年提香又創作了「維納斯與風琴師和狗」。提香這些模仿師兄之作，與師兄的作品相比有三點不同：

一、「斜躺睡姿」從左邊改到右邊；其中有半坐式，均未睡：不是聽音樂就是戲弄小狗；二、畫面增加了小愛神、音樂師和小狗；三、提香的維納斯不及師兄的典雅。

據專家分析，提香樂於畫女性裸體美，技藝超過師兄。提香認為「美麗的女人肉體是造化的精英」，常稱自己的人體美油畫是「詩篇」。

這幅作品跟「田園合奏」一樣,傑魯爵內剛要完成時,英年早逝,最後靠好友提香完成,這是脫俗給人愛與純潔的精神融合,除優美甜睡維納斯外,背景自然美妙如詩情,如達文西「蒙娜麗莎」的背景。

蓋起邱比特眼睛

蓋起邱比特眼睛
油彩・畫布　1565年　118×185cm
羅馬・波蓋茲美術館藏

老當益壯辛勤創作

　　從十六世紀四十年代起，提香的藝術創作進入了晚期。

　　藝術家雖已進入花甲之年，仍老當益壯，辛勤創作，每天都堅持作畫，畫完之後，予以保存，過一段時間進行審查，反復修改，精益求精，做到盡善盡美，並以自己的藝術成果來對抗當時與日俱增的反動逆流。

　　提香的創作晚期，正是義大利社會經濟、文化走向衰落的時期，封建宗教勢力逐漸抬頭，以羅馬教皇爲中心的天主教會勢力，在遭受德國宗教改革和農民戰爭打擊後，拼命反抗，從而開始了「天主教會反動黑暗時期」，臭名昭著的「異端裁判所」正是在這個時期建立起來。

　　作爲文藝復興的指導思想的人文主義卻受到了嚴重的打擊，可是在這個艱難的時期，只有米開朗基羅和提香還在不倦地堅持戰鬥。

晚期的莊嚴、浩大、深沉

　　米開朗基羅用他的裸體巨人悲憤地向教會勢力作鬥爭。提香則以樂觀的姿態，充滿了信心和對光明的憧憬來抵制眼前的黑暗。他反對教會專權，堅決主張維護民族尊嚴。

　　這個階段，提香創作了大量作品，比以前的作品更豐富多彩，仍堅持人文主義思想。這個時期的作品具有一種莊嚴、浩大和深沉的感情，塑造的人物具有堅強的意志。

　　提香喜歡用對角線來處理構圖。在設色上喜用中間色調，尤其喜歡用紅色調和藍色調強烈對照，突出地表現了驚人的空氣感。

晚期成熟美——神話和宗教題材

亞伯拉罕的獻祭

油彩・畫布　1544年　284×328cm
威尼斯・瑪利亞教堂藏

　　提香晚期創作中，神話題材和宗教題材仍然占有相當重要的地位。主要原因是這類作品爲當時中上層社會所歡迎，也是他作品成熟之美高峯期。這個時期的名作計有：

- 「聖母參拜神廟」（1539年創作，威尼斯・藝術學院畫廊藏）。
- 「看哪！這人」（又稱「看哪些人」，1543年創作，威尼斯・博物館藏）。
- 「亞伯拉罕的獻祭」（1544年創作，威尼斯・瑪利亞教堂）。
- 「戴荊冠的基督」（約1545-50年創作，巴黎・羅浮宮美術館藏）。
- 「聖勞倫斯的殉教」（1548-50年創作，威尼斯・藝術學院畫廊藏）。
- 「黃金雨」（1554年創作，馬德里・普拉多美術館藏）。
- 「耶穌受難」（約1556年創作）。
- 「埋葬耶穌」、「花園中的苦惱」、「背着十字架的救世主」（均藏於馬德里）。
- 「最後的晚餐」（1557-69年創作）。
- 「聖哲羅姆」（藏愛丁堡）。
- 「黛安娜與凱莉絲杜仙女」（1556-59年創作，英格蘭・蘇格蘭國家畫廊藏）。
- 「牧人與山林水澤女神」（1570年創作，維也納・藝術史博物館藏）。
- 「維納斯與阿當尼斯」（1550年創作，美國・大都會美術館藏）。
- 「阿克塔昂之死」（1562年創作，倫敦・國家畫廊藏）。
- 「剝瑪爾息阿斯之皮」（1575-76年創作，捷克・克羅梅日什收藏）。
- 「歐羅巴的搶奪」（1559-62年創作，波士頓・伊莎貝爾・加德納美術館藏）。
- 「維納斯攬鏡自照」（1554-55年創作，華盛頓・國家畫廊藏）。
- 「懺悔的瑪格達琳」或「抹大拉的瑪利亞」（1565年創作，列寧格勒・艾米塔吉美術館藏）。
- 「天使報喜」（1559年創作，威尼斯・藝術學院畫廊藏）。
- 「聖・賽巴先」（1570年創作，列寧格勒・艾米塔吉美術館藏）。
- 「鞭打基督」（1570年創作，慕尼黑・阿特爾繪畫陳列館藏）。
- 「憐憫」（未完成）等。

聖母參拜神廟

聖母參拜神廟（局部）

販賣雞蛋的老嫗透露著生動的民間色彩，以及提香寫實功力。

聖母參拜神廟（局部）

「聖母參拜神廟」是描寫聖母瑪利亞小的時候參拜神廟情形。

P86・87
聖母參拜神廟
油彩・畫布　1539年　345×775cm
威尼斯・藝術學院畫廊藏

法國歷史學家伊波利特・泰納的「義大利遊記」中，有詳細「聖母參拜神廟」記述。瑪利亞孩提時代參拜神廟，受到祭司愛戴和歡迎，這是寫實史實畫，建築物宏偉，人物場面盛大。

威尼斯現實生活的寫照

「聖母參拜神廟」又名「聖母進入聖殿」。取材傳說故事，聖母瑪利亞在兒童時代參拜神廟，深得祭司愛戴。

歷來名師巨匠都借此題材表現宏大壯觀之場面，提香也抱着同樣目的進行創作。

法國歷史學家、哲學家伊波利特・泰納（1828-93）在其《義大利遊記》一書中，對「聖母參拜神廟」作了如下的描述：

『這裡有五十個人物、三座宮殿、聖殿大門、柱廊、方碑、丘崗、樹木、山脈、濃雲密布的天空。在高大的灰色台階頂上，站着最高祭司和祭司。在台階中間，是一個小女孩，穿着天藍色的衣服，繞着黃色的光環，提着衣服往上走；她身上沒有一點神秘的東西，她是從生活裡抓來的；她的可愛的臉蛋圓圓的；她向最高祭司伸着手，顯得小心謹慎，彷彿是在問大祭司要她做什麼。……在前景上，正對着觀眾，緊挨着台階，他（按：指提香）畫了一個穿天藍色衣服、戴白色兜帽的嘟嘟囔囔的老婆子——這是一個進城趕集，牢牢守着自己的雞蛋筐子和老母雞的地地道道的鄉下女人。』

這個販賣雞蛋和雞的老嫗形象，透露着生動的民間色彩，具有風俗畫的傾向。整個畫面洋溢着節日的氣氛，提香這幅畫可以說是當時威尼斯現實生活的寫照。

黃金雨

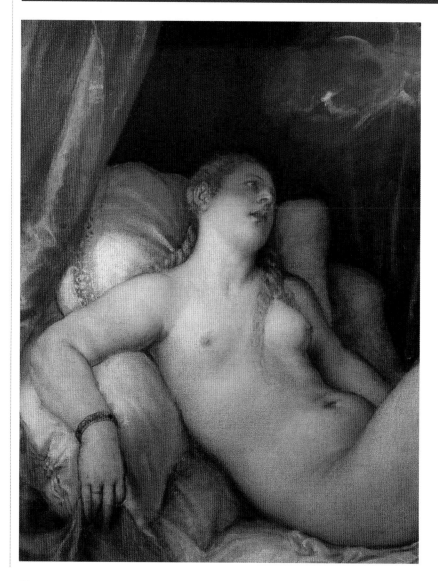

黃金雨（局部）

愛的物語　柯雷吉歐作
油彩・畫板　1531年　71×163cm
維也納・藝術史博物館藏

P88・89
黃金雨
油彩・畫布　1554年　120×187cm
馬德里・普拉多美術館藏

「黃金雨」強烈戲劇性

　　「黃金雨」取材希臘神話，類似題材的畫，提香創作了好幾幅。這裡介紹的是普拉多美術館所珍藏的一幅。

　　這幅畫雖是裸女形象，但與「烏爾比諾的維納斯」不同，具有獨特而強烈的戲劇性。藝術家把丹妮畫得非常地美麗、健康而富有魅力。她的感情熱烈，情緒異常衝動，在她的軀體內似乎蘊藏着一股運動的力量。

　　天帝宙斯愛上了丹妮，與她幽會時化做一陣黃金雨，降臨到身上。

　　畫面上有兩個形象，一個是漂亮的裸體少女丹妮，另一個是她的女僕。顯然她的女僕不是勞動者形象，而是一個貪婪、醜陋、卑賤的老太婆，她正貪婪地用抖開的圍裙，接受從黃金雨中降落下來的錢幣。

　　一個唯利是圖的形象和一個純樸、健美、崇高的丹妮形象，形成了鮮明的戲劇性對比。

　　畫家顯然把這個老太婆看成是現實社會生活中黑暗勢力的代表。藝術家表明他在晚年仍在堅持戰鬥，用人文主義的真、善、美，來揭露和鞭撻現實生活中的假、惡、醜。

　　提香創作「黃金雨」題材，看了同時代柯雷吉歐的「愛的物語」與「黃金雨」而起創作靈感，這是強調率直喜悅官能享受，強調恍惚之美境界。

丹妮　柯沙特作
油彩・畫布　1527年　95×114cm
德國・慕尼黑古代繪畫館藏

丹妮陽光之戀

林布蘭特作

油彩‧畫布 1636～43年
185×203cm

神王宙斯在天庭上看見被父親關在銅塔內的丹妮，他父親聽信她長大後會殺父異常舉動，並請老嫗看守她，宙斯見她午睡醒來動人身材，變成黃金雨落在丹妮身上，她因而受孕生出英雄珀耳修斯。

丹妮的午睡

油彩‧畫布 1538年
120×172cm
拿坡里‧卡波迪莫米美術館藏

提香「黃金雨」，普拉多那幅有女嫗，這幅是配邱比特，丹妮置身錦繡帷帳的床上。

牧人與山林水澤女神

牧人與山林水澤女神
油彩・畫布　1570年　149.7×187cm
維也納・藝術史博物館藏

山林女神與牧神　布格霍作
油彩・畫布　1873年
史特林與法蘭辛・克拉克藝術學院藏

牧神是半人半羊牧羊神潘恩，牠也是森林之神，每次牠用蘆笛吹起音樂時，山林水澤女神在睡夢中也甦醒過來，隨牠樂音群起舞蹈。

「牧人與山林水澤女神」描寫的是半人半羊的牧羊神潘恩，他善於用蘆笛演奏音樂，山林水澤女神從他的樂聲中甦醒，隨著音樂翩翩起舞。畫面表現的牧人是一吹笛美少年和一漂亮少女聽其演奏。

維納斯與阿當尼斯

維納斯與阿當尼斯（局部）

維納斯與阿當尼斯
油彩・畫布　1553年　186×207cm
馬德里・普拉多美術館藏

阿當尼斯是位牧人，最愛打獵，每天馳騁
山澗林野，他英姿煥發，所到之處陽光增
輝，風景亮麗，維納斯為他捨神仙美境，
並跟他一起過山間林野生活。

美神愛上了獵手阿當尼斯

　　阿當尼斯是希臘神話中的美少年，
生於樹身爆裂之中。他是一位勇敢非
凡的獵手。美神維納斯（希臘名阿弗
羅達底）乘天鵝來向他求愛，卻引起
了戰神雅爾斯的嫉妒，她擔心他會遭

到不測。一日，阿當尼斯擅自去狩獵，
遭到野豬傷害而亡。愛神悲痛欲絕，
將其屍體化為火紅的秋牡丹，冥王感
動，讓阿當尼斯每年有半年回人間與
愛神歡會。畫面是維納斯懇切地勸阻
阿當尼斯不要外出打獵時的情景。

黛安娜與艾克頓

油彩·畫布　1556～59年　190×207cm

艾克頓王子善長於打獵，常在林間追逐獵物。有一天他誤闖入狩獵女神黛安娜洗澡禁地，一時看呆了。

黛安娜與凱莉絲杜仙女

油彩・畫布　1556～59年　187×205cm
英格蘭・蘇格蘭國家畫廊藏

凱莉絲杜雖爲公主，却不愛待在宮裡，常
到外面打獵，她身材健美，宙斯看到她後，
動起念頭，變成黛安娜，一天凱莉絲杜獵
罷，跑到黛安娜沐浴地方，黛安娜一怒手
一指，凱莉絲杜就全身軟癱。

黛安娜是月神和狩獵女神，以貞潔
著稱卻很殘忍。安迪梅恩是位神箭手
善吹笛，黛安娜自聽過他的笛聲後日
夜思念他。一日安迪梅恩追一隻鹿，
闖入黛安娜沐浴禁地，被她變鹿。

凱莉絲杜是一位美麗的公主，不喜
在宮裡，常外出打獵，宙斯一見鍾情
愛上她，便變成黛安娜接近她。她一
日狩獵歸，到了黛安娜沐浴地，黛安
娜十分惱怒，將她變爲熊。

西班牙的宗教

西班牙的宗教
油彩・畫布 1571年
168×168cm
馬德里・
普拉多美術館藏

阿克塔昂之死
油彩・畫布 1562年 179×189cm
倫敦・國家畫廊藏

牧神偷窺維納斯
油彩・畫布 1540年 196×385cm
巴黎・羅浮宮美術館藏

剝瑪爾息阿斯之皮

剝瑪爾息阿斯之皮

油彩・畫布　1575～76年　212×207cm
捷克・克羅梅日什藏

「剝瑪爾息阿斯之皮」是希臘神話故事，
「聖・賽巴先」則是基督教聖經故事，都
是慘忍畫面作品，唯前者不像希臘神話故
事，像戰爭史畫。

聖・賽巴先

油彩・畫布　1570年　115×210cm
列寧格勒・艾米塔吉美術館藏

聖・賽巴先是古羅馬聖徒，羅馬皇帝下令
用箭將他射死，但被聖徒救出，提香畫的
是意志力集中，面貌英俊，手足被縛，射
入毒箭，仍不畏懼和悲傷的聖・賽巴先。

以藝術描繪痛苦

「剝瑪爾息阿斯之皮」取材於古羅
馬詩人奧維德之作品。

其梗概是民間樂手、吹牧笛者瑪爾
息阿斯與文藝之神阿波羅比賽失敗，
被阿波羅當場活活剝皮，作為他勝利
之報酬。

整個畫面描寫的是瑪爾息阿斯被倒
掛於樹上，阿波羅操刀小心翼翼地剝
其皮。引人注意的是，畫面上有一男
青年昂首唱歌，拉着七弦琴，他就是
阿波羅，是他以自己的音樂，戰勝了
瑪爾息阿斯。提香也按照文藝復興時
期的傳統，將整個故事情節放於一幅
畫中。

畫面展現出富麗、泛金的褐色調。
色彩極富於變化，美不勝收。

美國當代藝術史家斯維特萊納・愛
爾波斯甚欣賞此作，他稱讚道：『提
香的巨製「剝瑪爾息阿斯之皮」，它美
得使人難以忘懷，儘管其主題可能有
些恐怖。

『作品之使人感興趣，是因為它有
輝煌的技巧及其主題——以藝術描繪
痛苦』。

歐羅巴的搶奪

歐羅巴的搶奪（局部）

歐羅巴被搶　佈修作
油彩・畫布　1747年　160×193cm
巴黎・羅浮宮美術館藏

宙斯變白牛搶親

「歐羅巴被搶」是提香的名畫，取材希臘神話故事：天帝宙斯愛上了美麗公主歐羅巴，便變成白牛，將她劫走，到家後與她喜結良緣。此故事有三個情節：一、少女同白牛在一起嬉戲，準備結婚；二、少女乘牛而去；三、白牛馱著少女下海踏波狂奔。

這是藝術家常畫的一個題材。如委羅內塞的「歐羅巴被劫」便畫有上述三個情節。畫面前景是溫順的白牛，俯臥在地，歐羅巴親切地倚在白牛身上，白牛用嘴唇吻新娘的裙角，這不是表現了一對戀人相親相愛之情嗎？姑娘們都忙著給新娘梳妝打扮，有的為她佩戴首飾，有的為她整理衣裙，三個飛翔在天空的小愛神也忙著採摘花朵，為新婚夫妻編織花冠，新郎頭上、白牛的兩角都掛上了花冠，新娘頭上也戴上了花冠。

畫面中景左下角是新娘騎牛與女友告別，姑娘們隨後熱情拍手、歡笑、相送。畫面遠景是白牛載少女入海，腳踏碧波，乘風破浪而去。

表現新婚喜慶氣氛

提香的「歐羅巴被搶」中少女依偎著白牛，天上飛來的小愛神和地上的小愛神表現出新婚喜慶氣氛。佈修的「歐羅巴被搶」，無非是借此題材表現宮廷中美麗的裸體女性，描繪貴婦人嬌滴滴的脂粉氣味。

歐羅巴的搶奪

油彩・畫布
1559～62年
185×205cm
波士頓・伊莎貝爾・
加德納美術館藏

「歐羅巴的搶奪」同「黃金雨」都是宙斯化身的故事。歐羅巴是美艷公主，身材動人，皮膚細嫩光滑，真是女人中女人，她最愛在野外摘小花，河邊戲水，過村姑生活，有天看見一條美麗溫馴白牡牛，讓公主騎上去，其實白牡牛就是宙斯化身。

維納斯攬鏡自照

維納斯攬鏡自照（局部）

晨粧的維納斯　華鐸作
油彩・畫布　1717年　46×39cm
倫敦・瓦蘭斯藏品

女性裸體美乃至高無上之美

西方藝術史家認爲：「歐洲文化的傳統根植於古希臘的哲學及美術，而其美術則寓理想之美於裸體，尤其視女性的裸體美爲至高無上的美。女性美的典型爲女神，維納斯更是突出的代表。」提香也創作了一系列維納斯裸體作品，他把古希臘的美學觀加以復興，並融合在人文主義的美學理想中。他的傑作「維納斯攬鏡自照」是他這類作品的另一種表現形式。

維納斯無「自負神態」

提香在此畫中描繪維納斯晨起側坐於鏡前梳妝打扮時的情景。有趣的是畫中有兩個活潑可愛的小天使：一個拿著鏡子，另一個手握冠飾，侍候在一邊。故此畫又名「鏡前維納斯和兩個小天使」。

這幅此畫表現了美神維納斯愛美的天性，又似在欣賞自己的美麗。她那豐腴、美麗的肉體顯示在觀眾面前。她不能自制以地用左手去撫摸自己的胸部。這裡畫的不再是一個青春少女或少婦形象，而是一個成熟婦女形象。

形象顯得過於肥胖，神態卻十分莊重。提香用對比性色調來突出絲織物與婦女肉體的烘托關係，人們從畫中

看到一個貴婦人的閨房生活。

華鐸和魯本斯受提香的影響，也畫了同類題材的畫。華鐸的「維納斯晨粧」（又稱「梳妝」）表現的是一宮廷貴婦晨起梳妝，但沒有提香的形象那種自負神態。左有小狗、後有女僕侍候，她神情憂鬱，顯得有點懶洋洋的。魯本斯的「維納斯攬鏡自照」突出了巴洛克式的肥碩背影，捧鏡、拿衣的是兩個年齡較大的婦女，維納斯的鏡中神態是顧影自憐的正面形象。

維納斯攬鏡自照　魯本斯作
油彩・畫板　1616年　98.1×124.2cm
美國・大都會美術館藏

維納斯攬鏡自照
油彩・畫布　1554～55年　105.5×124.5cm
華盛頓・國家畫廊藏

懺悔的瑪格達琳

懺悔的瑪格達琳
油彩・畫布　1565年　97×118cm
列寧格勒・艾米塔吉美術館藏

懺悔的瑪格達琳
油彩・畫布　1533年　68×85cm
列寧格勒・艾米塔吉美術館藏

這是「聖經」新約傳說故事，瑪格達琳是棄邪歸正妓女，教會認爲她已懺悔得到超生的典範，提香把她塑造出懺悔、痛苦、失望、感傷的形象，但當她領悟時，充滿希望和明智眼光。

幸福就在人間

「懺悔的瑪格達琳」這類「妓女改邪歸正」的題材提香創作了好幾幅，其中以珍藏在列寧格勒・艾米塔吉美術館的一幅爲最佳。

瓦薩利說：『這一幅畫是最美的圖畫，看到它的人莫不深受感動。瑪格達琳的眼睛仰望蒼天，眼圈發紅，淚水充盈，可見她還正爲自己過去生活中的罪孽而深深地哀痛着。』

畫面右下角有一頭顱骨，這意味着瑪格達琳似乎是已「看破紅塵」，在頭顱上放着一本「聖經」，這表示她是一個虔誠的教徒。

然而，人們從她身上破衣處卻可見到豐滿的肉體，在肥胖的手指撫摸下的柔軟胸膛似乎正在起伏；仰望天空的大眼睛由於濕潤更加明亮，濃密的秀髮顯示出青春活力。

提香所塑造的瑪格達琳，與其說是萬念俱灰、嚮往「天堂」的懺悔者，倒不如說她更像是一個愛情上失戀的少女。提香在這裡無意宣傳「改惡從善」的主題，並將瑪格達琳塑造成有血有肉的青春少女，她嚮往生活，健康、美麗。

她的神態令人感到她是多麼渴望過美好幸福的現實生活啊！在這一幅名作中，藝術家熱情歌頌了人文主義思想，幸福就在人間。這是提香勇敢地直接打擊天主教會的反動說教的有力證明。

天使報喜

天使報喜（局部）

聖告　李比作
1441～45年　118×175cm
羅馬‧多利亞‧潘菲利畫廊藏

「天使報喜」各有所長

　　「天使報喜」取材「聖經」故事，耶穌之母瑪利亞已許配約瑟，尚未結婚。天使加百利奉神令通知瑪利亞：「瑪利亞不要怕，你在神面前已經蒙恩了，你要懷孕生子，可以給他取名耶穌」。瑪利亞在聽到神諭後十分震驚：「我還沒有結婚咧！」這是文藝復興以來，許多藝術家常畫的一個題材。前期有安琪利科、貝利尼、李比、波提且利；盛期有達文西、拉飛爾，都畫過此類題材的畫，各有所長。

　　前期畫家一般把瑪利亞畫成名門閨秀，置於繡房之中，喜歡煩瑣地描繪形象和環境細節；達文西一反前人傳統畫法，把瑪利亞置於風景優美的大自然懷抱裡，著重刻畫人物的內心世界。提香則將形象畫得健碩、豐腴，富有動感，這些對後來的巴洛克藝術產生了深遠的影響。

告知受胎（局部）　達文西作
油彩・畫布　1475～78年　98×217cm
佛羅倫斯・烏菲茲美術館藏

天使加百利奉神旨喻，前來告知瑪利亞。

天使報喜
油彩・畫布　1559年　235×403cm
威尼斯・藝術學院畫廊藏

文藝復興前期的波提且利、安琪利科、李
比、貝利尼，盛期的達文西、拉飛爾都愛
畫聖母受孕，天使奉神旨意前來告諭，每
個人表現手法不同，提香的後來影響巴洛
克的作風甚巨。

出色肖像畫家——理想美的滲入

穿藍衣的男子肖像

油彩・畫布　1523～26年　99×125cm
馬德里・普拉多美術館藏

提香還是一位出色的肖像畫家，他一生大約創作了一千多幅作品，其中肖像畫就占有一百五十幅左右（有人說五十多幅），因此人們稱頌他為「肖像畫之王」。

出色的肖像畫家

當時歐洲各國王公貴族皇室國王、權貴婦女、名門閨秀、社會名流、文人學子，無不慕其名而來，以請他繪肖像為榮，故其門庭若市，重金禮聘者絡繹不絕。

人物形象精神特質

提香的肖像畫名作計有：

● 「戴手套的男子」（1520-25年創作，巴黎・羅浮宮美術館藏）。

● 「伊波里托・麥第奇像」（1532-33年創作，佛羅倫斯・彼蒂宮美術館藏）。

● 「拉・貝娜像」（1536年創作，佛羅倫斯・彼蒂宮美術館藏）。

● 「教皇保祿三世」（1545-46年創作，那不勒斯・卡波迪蒙特宮國家美術館藏）。

● 「教皇保祿三世及其姪孫們」（1546年創作，那不勒斯・卡波迪蒙特宮國家美術館藏）。

● 「查理五世騎馬像」（1548年創作，馬德里・普拉多美術館藏）。

● 「查理五世坐像」（1548年創作，馬德里・普拉多美術館藏）。

● 「阿列齊諾像」（1545年創作，佛羅倫斯・彼蒂宮美術館藏）。

● 「里米納爾第像」（1548年創作，佛羅倫斯・彼蒂宮美術館藏）。

● 「穿藍衣的男子肖像」（1523-26年創作，馬德里・普拉多美術館藏）。

● 「端盤子的女人」（又稱「提香的女兒」或「拉維・尼亞肖像」，1555年創作，柏林・國立美術館藏）。

● 「賈柯波・斯特達像」（1567-68年創作，維也納・藝術史博物館藏）。

● 「自畫像」（1565-68年創作，馬德里・普拉多美術館藏）。

● 「西班牙國王菲利浦二世像」。

● 「三人肖像」（約1570年創作，藏倫敦）等。

戴手套的男子

戴手套的男子

油彩・畫布　1520～25年　89×100cm
巴黎・羅浮宮美術館藏

這幅畫最成功是微妙地刻畫人物的內心世界，這是人物肖像畫最難表達之處。高傲和帶有貴族的性格，從肖像畫裡可以看到性格。

P122
拉・貝娜像（局部）

P123
拉・貝娜像

油彩・畫布　1536年　75×100cm
佛羅倫斯・彼蒂宮美術館藏

提香在肖像畫中還有一項絕招，即「返老還童」法，這是提香一生中積累的罕見技法。

藝術家爲貴婦人畫肖像時，往往把四五十歲的老婦人，還原爲十幾歲的少女，卻使其不失去對象所固有個性特徵。

這項絕技大受當時上層社會婦女的歡迎，這說明提香的藝術造詣已達到爐火純青的地步。藝術家在施展這種絕招時，還對所畫人物進行藝術處理，並把自己對於女性美的理想滲入畫中，這種肖像畫很自然就成了理想的美女圖了。

提香在前輩已有的經驗基礎上，以他深邃的洞察力和特有的色彩手段，來表現他的前輩和同輩畫家尚未發現或未曾關注到的「人物形象的精神特質的東西」。

提香善於表現人物內心世界，他在把握人物個性特徵方面具有揮灑自如的能力，尤其是他的「返老還童」絕招，這是前人所沒有的超群技藝。

身心俱美的理想形象

提香的肖像畫有以下幾種類型：一類是早期肖像畫，其基調則是安詳、歡樂，通過神態和色彩對比來表現人物的個性。

如「戴手套的男子」、「穿藍衣的男子肖像」等。這類肖像表達出人物溫馨、愉悅的精神世界。這類肖像畫是「活躍旺盛，身心俱美的理想形象」。

「戴手套的男子」

「戴手套的男子」又稱「拿著手套的青年」，這是一位朝氣蓬勃的青年形象，是一個不知憂愁爲何物的樂觀主義者典型。

他那富於表現力的雙手，從容優雅的姿態，特別是他那富於表情而又含蓄的眼神，顯示出高傲的貴族氣質。

我們從他那明亮而又聰慧的眸子中看出他具有詩人的特質，他的眼神表明他憧憬美好的未來。

用畫筆打開了青年男子心扉

提香用他的畫筆打開了青年男子的心扉，使這位數百年前的人物和我們之間有了感情的溝通。

這位威尼斯青年因此得到了永生。像這樣英俊、完美的形象，在提香以後的創作中再也見不到了。

拉・貝娜像

教皇保祿三世

教皇保祿三世
油彩・畫布　1545～46年　85×106cm
那不勒斯・卡波迪蒙特宮國家美術館藏

保祿三世這個偽善、懦弱的老人刻劃很成功。以寫實手法，毫不掩飾地揭露那貪婪、無恥、虛偽、奸詐、狠毒的醜態。

教皇保祿三世及其姪孫們
油彩・畫布　1546年　174×214cm
那不勒斯・卡波迪蒙特宮國家美術館藏

坐在中間「老謀深算」的保祿三世，和姪孫亞歷山大交談，左後方戴紅色船形帽法爾奈賽「虛偽陰險」想偷聽，這種人物個性人像，提香是箇中高手。

揭露統治者的殘暴與虛偽

其次是提香為教皇、皇帝、國王、主教、公爵及貴婦人等，上層社會人物所作的肖像畫。

他大膽地運用寫實手法，毫不掩飾他揭露統治階級的貪婪、殘暴、冷酷、虛偽、陰險、奸詐的醜態，把他們的階級特質都淋漓盡致地描繪出來，顯示了藝術家可貴的品質。

「教皇保祿三世」

「教皇保祿三世」和「教皇保祿三世及其姪孫們」是這方面最有代表性的作品。

提香把保祿三世這個偽善、懦弱的老人刻畫得非常成功。

其形象是狐狸臉、駝背、縮身，特別是那雙從華貴厚實的斗篷裡露出的戰慄著的雙手，極其微妙地表現了老人的虛弱，他像一個在政治陰謀中度日的老朽。

提香所塑造的這個教皇典型形象，揭露了羅馬教廷的欺騙、偽善和狡猾的醜惡面目，深刻暴露了封建統治階級的反動與社會的黑暗。這樣的肖像畫，在西方美術史上堪稱是第一流的傑作。

「教皇保祿三世及其姪孫們」

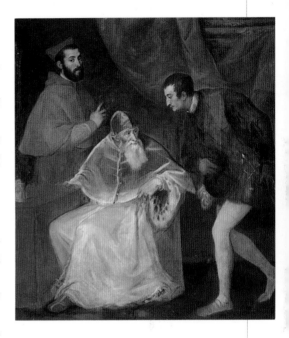

在「教皇保祿三世及其姪孫們」肖像畫中，藝術家抓住教皇保祿三世，及其皇孫亞歷山大和奧塔雅諾・法爾奈賽，各自的個性特徵，教皇保祿三世「老謀深算」，亞歷山大「忠實虔誠」，法爾奈賽「虛偽陰險」。

這一幅肖像佳作「暗喻教廷內部的矛盾錯綜複雜，保祿也生活在勾心鬥角的陰謀之中。」

此作就深入探求人物內心世界這方面來說，在文藝復興的藝術之中堪稱罕見之傑作。

查理五世騎馬像

査理五世騎馬像（局部）

査理五世騎馬像
油彩・畫布　1548年　279×332cm
馬德里・普拉多美術館藏

這個皇帝金戈鐵甲，貌似威武，但他却是
一個頭腦空虛淺薄之昏君。

「査理五世騎馬像」

　　「査理五世騎馬像」也是上述類型的傑作。它深刻描繪了人物的個性特徵。一位藝術史家說得好：『這位皇帝金戈鐵甲，貌似威武，但其神態卻分明顯示出他不過是一個頭腦空虛的淺薄之輩。』這一幅傑作對十七世紀西班牙著名的寫實主義畫家委拉斯貴茲的大型肖像畫創作，產生了深遠的影響。

端盤子的女人

端盤子的女人（局部）
油彩・畫布　1555年
柏林・國立美術館藏

穿白衣裳少女
油彩・畫布　1555年　86×102cm
德國・德勒斯登國立繪畫館藏

提香夫人過世後，幸得愛女拉維・尼亞照
料，他也畫了不少拉維・尼亞作模特兒作
品，像「莎樂美」、「端盤子的女人」、「穿
白衣裳少女」，都是以她的畫像爲根據。

「端盤子的女人」

　　提香的第三類肖像畫是他女兒和自
己的畫像。提香自愛妻謝世後，女兒
拉維・尼亞則成爲照料自己的唯一的
親人。

　　他爲女兒作畫，「端盤子的女人」就
是畫拉維・尼亞。

輝映著愛的光輝

　　一位藝術史家準確地道出了此畫的
特徵，他寫道：『我們在這兒不僅看
到了一個天眞美麗的少女，一個幸福
歡樂的女兒，而且可以感覺到一個慈
愛的父親的溫暖的筆觸，這種筆觸使
整幅畫面閃爍著愛的光輝。』

自畫像

自畫像
油彩・畫布　1565～68年　69×86cm
馬德里・普拉多美術館藏

自畫像
油彩・畫布　1560年　75×96cm
柏林・國立繪畫館藏

提香的「自畫像」把自己畫成聰明、堅強。
但他自己最突出的雄偉氣概和豪華服飾，
也在筆間毫不客氣表露出來。

「自畫像」有毅力的神情

　　提香的自畫像為數衆多，大多表現為堅強、聰明、有毅力的神情，目光炯炯有神，突出的鷹鈎鼻子，有力的手臂，雄偉的氣概和豪華的服裝。

　　他晚年創作的「自畫像」，顯示出巨人般的氣概，使人聯想到米開朗基羅所雕刻的「摩西像」：威嚴、自信、堅定而又剛毅；目光充滿了智慧。他運用寫實的方法，細緻微妙地表現人物的個性特徵，及豐富的內心世界活動。

　　畫家將兩隻手賦予不同姿勢，沉著而有力，他已陷於沉思之中。提香衣著考究，這不禁令人想起藝術史家對他另一側面的評價：他像一個精明富有的商人，錢抓得很緊，必須按預算表來開支。

　　總之此畫有以下特徵：他是一位慈祥的長者、嚴謹的藝術家和辛勤的勞動者。

聖母與聖嬰

影響後世歐洲畫家

1576 年 8 月 27 日，提香以九十多歲的高齡死於鼠疫，他是在照顧得鼠疫的兒子時傳染上此病的。

他和他的兒子一起安葬在裝飾有他的名作「聖母升天」的佛拉雷教堂內。

提香是威尼斯畫派泰斗，其創作特點和佛羅倫斯畫派正好相反，他著重色彩，把線條放在次要的地位上。

色彩成為威尼斯畫派的技法基礎。提香的藝術形象「健美」，這種特徵主要也是通過色彩表現出來的。

法國藝術評論家丹納在其著作《藝術哲學》中，對威尼斯畫派的色彩作了極其精彩的評價。

他寫道：『至於威尼斯畫派，一方面是大量的光線，或是調和或是對立的色調，構成一種快樂健康的和諧，色彩的光澤則富於肉感；一方面是華麗的裝飾，豪華放縱的生活，剛強有力或高貴威嚴的面部表情，豐滿誘人的肉體，一組組的人物動作都瀟灑活潑，到處是快樂的氣氛：這兩方面也是統一的。』

提香的藝術創作影響後世歐洲藝術界一大批藝術名家，如丁特列托、維洛內塞、普桑、魯本斯、凡・代克、委拉斯貴茲、林布蘭特、華鐸、瑞諾茲、德拉克窪、馬奈、蘇里柯夫等藝術大師，他們都從提香的藝術成就中汲取營養來豐富自己。

提香是「財迷」

提香漫長的一生經歷了三個國王、十四個主教，和十四個威尼斯總督的統治時期。他是威尼斯畫派泰斗，但是人無完人。有趣的是西方美術史家指出提香是個「財迷」，百萬財富不嫌多，一個銅子也不放過。他雖然富有，有花不完的錢財，但他從不肯輕易放棄多賺一個銅板的機會。

他以精明眼光聚斂着錢財，看到一枚錢幣，他的手指總是抓住不放。九十多歲了，也沒有改變愛財如命的性格，還像個中年人那樣精明幹練，為了每一個銅板的收入討價還價，爭得面紅耳赤，應該拿到的一分一厘也不放過。

他在完成西班牙國王菲利浦二世訂購的作品後，給國王寄去了賬單要求迅速付款。據史記載菲利浦二世是當時歐洲有名的吝嗇鬼。

聖殤圖
油彩・畫布　1573～76年　351×389cm
威尼斯・藝術學院畫廊藏

查理五世與狩獵犬
油彩・畫布　1532～33年　111×192cm
馬德里・普拉多美術館藏

　　提香在自己的信中以一個難以果腹的青年藝術家的口吻寫道：『請陛下立刻把畫款寄來，這樣我才能平安地度過餘日無多的殘年……我不得不匍伏在最最寬容的陛下面前，以他的仁慈的名義，懇求陛下減除我的痛苦。』

　　提香在去世之前，爲了購買自己未來的安葬墓地，還和芳濟會的僧侶們討價還價，認眞洽談，捨不得拿出一筆錢來，表示願意爲他們畫一幅任何內容的宗敎畫，並協商着用畫來交換墓地和安葬費。

　　提香富有的名聲，在威尼斯是家喻戶曉的，他死後不久，一夥強盜來了，將他家財產搶劫而去。

宏觀印象・印象黃金

搜集全世界各大美術館，包括巴黎奧塞、印象派、華盛頓國家畫廊、紐約現代美術館、倫敦國家畫廊、馬德里普拉多、俄羅斯普希金、荷蘭梵谷基金會、庫拉穆勒美術館……各印象派前後經典精華名作。

◆西洋繪畫導覽 ①
【印象派繪畫】　●劉振源 著
　　　　　　　　　●定價450元

◆西洋繪畫導覽 ⑩
【莫內的魅力】　●洪麟風 著
　　　　　　　　　●定價450元

◆西洋繪畫導覽 ⑰
【印象名畫導覽】

●夏河撰文　●定價450元

把印象派名畫精華匯總，把世界各美術館印象派名作集合一起，並且將相同題材比較分析，導覽欣賞看懂印象名畫。本書分「日出・印象前奏」、「新巴黎」、「塞納河與地中海」、「巴黎的女人」、「花和裸女」五個單元。重點文字解說，選配相關名畫對照欣賞。
●本書2萬字・254幅印象派名作・25開本・256頁

◆西洋繪畫導覽 ⑱
【寫實到印象】　●范夢撰文
　　　　　　　　　●定價450元
介紹寫實派、巴比松畫派、印象三派，這個拋棄傳統畫法，把風景畫塑成獨立畫種。印象派以像像陰霾滿佈情緒，忽然天晴，畫家紛紛呈現彩虹般燦爛光景，西洋繪畫史從此才展開新紀元。
●本書3萬字・253幅彩色名畫・25開本・256頁

BOOK CO.,LTD. **藝術圖書公司** 台北市羅斯福路3段283巷18號
郵撥 0017620 ─ 0 帳戶 ☎：(02)362-0578　FAX：(02)362-359

走入文藝復興名畫世界

文藝復興繪畫巨匠——波提且利‧達文西‧米開朗基羅‧拉飛爾‧提香，這五位包括文藝復興前期、盛期、後期三階段大師，引領您走入巨匠名畫世界。

走入名畫世界 6
【波提且利】
●吳澤義撰文
●定價280元

波提且利是文藝復興前期最傑出畫家，他吸取古典精華和佛羅倫斯畫家傳統，匯總凝聚加上淡淡哀愁的優美。美妙文字導您走進「春」和「維納斯誕生」不朽名畫精華。
●25K 144頁 彩色名畫122幅 文字2萬

走入名畫世界 7
【達文西】
●吳澤義撰文
●定價280元

達文西的「蒙娜麗莎」與「最後的晚餐」，是世界名畫中經典之作，也是永垂不朽名畫，以局部分解說明蒙娜麗莎微笑之美，「最後的晚餐」衆信徒表情，也分析其他精作。
●25K 144頁 彩色名畫128幅 文字2萬

走入名畫世界 8
【米開朗基羅】
●吳澤義撰文
●定價280元

米開朗基羅爲西斯汀教堂創作壁畫「創世紀」天井畫，「最後的審判」祭壇畫，麥第奇教堂雕刻「夜‧晝‧昏‧晨」名作，引領您欣賞那帶有悲憤和沉重，熱愛生命雕刻名作。
●25K 144頁 彩色名畫雕刻 130幅 文字2萬

走入名畫世界 9
【拉飛爾】
●吳澤義撰文
●定價280元

拉飛爾的「椅中聖母」、「西斯汀聖母」、「庭園中聖母」……一系列聖母像，以嶄新的聖母形象，洋溢著母性的溫存與柔美，富有人間幸福意味的聖母像，幅幅引領讀者欣賞品味。
●25K 144頁 彩色名畫130幅 文字2萬

走入名畫世界 10
【提香】
●吳澤義撰文
●定價280元

提香創造文藝復興理想美人典型，他的「聖愛與俗愛」、「花神」、「維納斯誕生」、「酒神宴」、「烏爾比諾維納斯」、「黃金雨」、「維納斯與邱比特」、「鏡前的維納斯」……全部是那麼甜美又動人。
●25K 144頁 彩色名畫128幅 文字2萬

●定價未標明者近日出版

國家圖書館出版品預行編目資料

提香／吳澤義，劉錫海合著. --初版. --臺北
市；藝術圖書，1997〔民86〕
　　面；21×15公分，--(走入名畫世界；10)

ISBN 957-672-261-6 (平裝)

1. 提香 (Titian, ca. 1488-1576) -作品集

940.9945　　　　　　　　　　　　86005276

走入名畫世界 ❿

提香

吳澤義・劉錫海合著

執行編輯◉　龐靜平

法律顧問◉　北辰著作權事務所
　　　◉　蕭雄淋律師

發 行 人◉　何恭上
發 行 所◉　藝術圖書公司

地　　址◉　台北市羅斯福路3段283巷18號

電　　話◉　(02) 362-0578・(02) 362-9769

傳　　眞◉　(02) 362-3594

郵　　撥◉　郵政劃撥 0017620-0 號帳戶

南部分社◉　台南市西門路1段223巷10弄26號

電　　話◉　(06) 261-7268

傳　　眞◉　(06) 263-7698

中部分社◉　台中縣潭子鄉大豐路3段186巷6弄35號

電　　話◉　(04) 534-0234

傳　　眞◉　(04) 533-1186

登 記 證◉　行政院新聞局台業字第 1035 號

定　　價◉　280 元

初　　版◉　1997年 5 月30日

ISBN　957-672-261-6